SYLVANUS MULOWAYI WA KAYUMBA

LES MYSTÈRES DE L'AURORE

SYLVANUS MULOWAYI WA KAYUMBA

LES MYSTÈRES DE L'AURORE

Les Grandes Décisions se Prennent la Nuit

Éditions Croix du Salut

Imprint

Cover image: www.ingimage.com

Publisher:
Éditions Croix du Salut
is a trademark of
International Book Market Service Ltd., member of OmniScriptum Publishing Group
17 Meldrum Street, Beau Bassin 71504, Mauritius
Printed at: see last page
ISBN: 978-613-7-37411-5

MYSTERES DE L'AURORE

SYLVANUS MULOWAYI WA KAYUMBA

Septembre 2020

MYSTERES DE L'AURORE

INTRODUCTION

Il y a un temps pour toute chose dans la vie des hommes sous le soleil.

Il y a des choses qui se réalisent facilement pendant le jour et celles qui ne se produisent mieux que la nuit.

Les grandes décisions se prennent la nuit pendant que les esprits simples dorment emportés par la faiblesse et la déficience de la position horizontale.

La prière de nuit est plus efficace que celle du jour, selon le témoignage des Saintes Ecritures.

Cette éventualité spirituelle échappe à beaucoup d'enfants de Dieu qui tâtonnent de jour comme de nuit, en croyant rendre efficaces leurs déclarations par les gestes épidermiques.

Le Seigneur Jésus a exploité cet aspect des choses et fit la plupart de ses miracles le jour de Sabbat contre la coutume et la tradition des juifs.

Il fit aussi des miracles de nuit, pour confirmer cette réalité divine échappant à un bon nombre de croyants.

De la même façon, il y a des mystères cachés dans l'aurore qui annonce le début du jour nouveau, comme nous allons le découvrir dans la suite de ce présent exposé.

Nous nous baseront sur la question posée à Job par Dieu pour essayer d'élucider les mystères cachés dans l'aurore que nombreux se limitent à considérer comme un simple signe naturelle dans le ciel avant l'apparition du soleil sur l'horizon.

La gestion du temps est une chose très rare dans la vie de beaucoup d'enfants de Dieu. Il faut beaucoup de discipline pour aller plus loin. Ceux qui courent en effet sont nombreux mais c'est une seule personne qui prend la couronne en fin de la chevauchée.

On peut marcher ou trottiner à deux ou en groupe. Mais quand il s'agit de sauter ou de voler, il faudra être un véritable aigle capable de transporter ses petits sur les ailes !

Est-ce un hasard que les hommes aient divisé l'horloge en **24** heures pour une journée ?

Est-ce un accident qu'il y ait **24** vieillards autour du trône de Dieu et **24** méridiens sur la terre ?

A vous de me le dire !

Il y a bien de choses qui se sont produites aux mêmes heures dans la Bible, qui devront interpeller notre entendement et notre attention sur la notion du rite, du cycle, des temps et des circonstances.

Dans cet exposé, nous allons nous attarder aux mystères de l'aurore qui est une lueur brillante, de couleur rosée qui paraît dans le ciel avant que le soleil ne soit à l'horizon marquant ainsi une nouvelle aube.

L'aurore est l'aube du lever du jour comme les nuages sont l'aurore de la pluie et le coucher du soleil, l'aube du crépuscule.

Les fiançailles sont l'aurore du mariage et la conception, l'aube de la grosse, alors que cette dernière est l'aurore de l'accouchement.

L'orgueil est l'aurore de la chute alors que l'humilité est l'aube de la gloire de Dieu !

Oui, la foi est l'aurore de la manifestation de la gloire de Dieu dans notre vie individuelle et collective, sans laquelle personne ne peut plaire à Dieu.

En ce moment difficile où le monde entier se retrouve à genoux devant un germe, une petite graine élaborée par les apprentis-sorciers de ce siècle de vitesse et de haute technologie, dans des laboratoires des cœurs sans pitié, ni mansuétude, une aurore s'annonce sur le déconfinement qui pourra aboutir sur le contrôle et la maîtrise du Covid-19.

Nous sommes tous fatigués de rester à ne rien faire dans la maison en attendant la fin de la terreur nous imposée par cette guerre d'agression biologique pour décimer les populations sur la terre en commençant par l'Afrique !

Nous sommes contraints de sortir et d'affronter Covid-19 sur terrain, mais il y a une chose qui devra précéder cette émersion téméraire de nécessité sur le lieu de travail sans laquelle la vie serait davantage difficile et désagréable.

Notre aurore dans cette reprise d'activité est la discipline et le respect des consignes y afférentes qui sont bien connues de tous.

Entre autre le port obligatoire de masque, le lavage des mains, le respect de la distanciation, ainsi que la bonne manière de tousser entre le bras et l'avant-bras ou avec usage au préalable d'un mouchoir approprié.

A cela, il faudra ajouter la discipline de l'économie des mouvements. Après le travail, par exemple, il faudra immédiatement rentrer à domicile car l'on n'est mieux que chez soi.

Nous sommes devenus trop réservés et précautionneux, en nous méfiant même des centres médicaux et des hôpitaux où quelques surprises peuvent se produire au-delà de notre bonne volonté.

Et notre aurore spirituelle est notre attachement au Seigneur Jésus pendant cette sortie imminente pour nous mettre au travail devra se faire dans la prudence et dans la sagesse.

La fièvre jaune et le paludisme ont plus tué les enfants, le SIDA a plus attaqué les infidèles sexuels, l'Ebola a dévasté plus les pauvres et même certains membres du personnel soignant.

Et enfin Covid-19 a plus emporté vers le dernier rectangle les riches et des personnes élevées en dignité de plus de cinquante ans. Comme du temps de la lèpre biblique, il y a plus d'hommes qui sont tombés dans la toile d'araignée des victimes du Covid-19.

Ne sortons pas sans masques !

Ne sortons pas sans Jésus !

Gardons bien notre masque en lieu public et respectons la distanciation ainsi que la pratique de lavage des mains.

Gardons notre foi en Jésus et nous verrons la gloire de Dieu se manifester pleinement dans notre vie individuelle et collective.

Gardons notre distance avec le péché et purifions nos cœurs de toute souillure et rien ne saura nous nuire.

Evitons la distraction et l'inadvertance car l'on ne vit qu'une seule fois !

Les fiançailles sont l'aurore du mariage et l'école gardienne est l'aube de l'école primaire qui est la lumière brillante de l'école secondaire et cette dernière est le matin des études supérieures.

Le baptême d'eau et le don du Saint-Esprit sont l'aurore ou la lueur lumineuse du ministère dans le Seigneur.

Il est difficile de servir Dieu sans au préalable passer par la nouvelle naissance. Nous prendrons du temps à l'avenir pour revenir sur ces choses si importantes qui constituent le ministère que nous devons entreprendre pour le Seigneur.

« ***Depuis que tu existes, as-tu commandé au matin ? As-tu montré sa place à l'aurore, pour qu'elle saisisse les extrémités de la terre, et que les méchants en soient secoués, pour que la terre se transforme comme l'argile qui reçoit une empreinte, et qu'elle soit parée comme d'un vêtement ;*** » Job 38 :12-14

Nous voyons que Job n'avait jamais prié avant l'aube depuis qu'il existait et qu'il ne connaissait pas les mystères du matin et de l'aurore !

La prière de l'aurore peut influencer toute votre journée. Nous devons apprendre à commander la journée et la tourner en notre faveur à l'heure de l'aurore.

La prière de l'heure de l'aurore a la puissance de saisir les quatre extrémités de la terre à notre profit. Et c'est à cette heure que malheureusement la plupart de croyants ronflent sous la chaleur des draps.

L'ignorance nous bloque dans la grâce alors que la révélation nous introduit dans la gloire de Dieu.

Le non-respect des consignes préventives contre le Covid-19 nous expose alors que l'application stricte des directives y afférentes nous cuirasse en nous met sous abri.

Si le Dieu du ciel a comblé de biens et de richesses cet homme qui n'avait jamais fait un bon de commande au matin pour influencer l'aurore afin de posséder et de dominer les extrémités de la terre, notre Père et notre Roi céleste nous comblera aussi de bonnes choses dans ce système des choses et dans celui à venir si nous lui consacrons notre vie et celle des nôtres au moment de l'aurore.

Consacrons ce déconfinement imminent entre les mains de Celui qui a le premier et le dernier mot dans la vie de tous les hommes et nul ne sera affecté par ce virus destructeur, sans pattes ni mains que seuls les hommes transportent d'une victime à une autre.

Sortons de notre peur, de toute anxiété et de toute frayeur comme de véritables soldats pour la guerre contre cet ennemi minuscule et dévastateur !

Que la prière de foi soit l'aurore et l'aube de ce combat que nous allons mener contre Covid-19 comme nous l'avions fait avant avec les autres épidémies et pandémies.

Ne croisons pas les bras, allons-y en vainqueurs pour vaincre dans l'obéissance, la fidélité et la discipline de notre Seigneur Jésus qui ne faillit jamais !

L'aurore en soi n'est pas la lueur du soleil mais c'est une lumière semblable à celle du premier jour de la création. Elle illustre la présence et la grâce de Dieu au milieu de nous.

La grâce de Dieu devra bien nous pousser à croire en Jésus pour avoir accès à la gloire effective de Dieu !

Seigneur, en cette aube du déconfinement, je me remets, ensemble avec ma famille biologique, sociale, circonstancielle et celle de destinée entre tes saintes mains pour assainir, fumiger et désinfecter l'environnement spirituel, physique, matériel, financier et même émotionnel de toute impureté quelle que soit son origine et sa destination.

Ainsi, nul de nous ne sera point victime de loin ou de près des attaques du Covid-19 et consorts.

Que ce déconfinement imminent marque la fin de cette invasion diabolique et infernale du Covid-19 dans toutes les familles de la République Démocratique du Congo, d'Afrique et du monde entier, dans le Nom Merveilleux de notre Seigneur et Sauveur Jésus-Christ.

Amen

Bon déconfinement avec Jésus !

L'Auteur

I
LA GRACE ET LA MISERICORDE

La grâce et la miséricorde de Dieu sont dans le sens spirituel l'aurore qui nous pousse à croire en Jésus afin d'atteindre la gloire de Dieu.

La grâce est une faveur imméritée que Dieu nous accorde individuellement ou collectivement pour nous donner le temps de croire en son Fils Unique Jésus afin que nous puissions avoir la vie éternelle.

Elle est l'initiative du Père qui a accepté de nous de donner de sa propre initiative son Fils Unique Jésus qui a pris nos péchés en acceptant volontiers de mourir à notre place sur le bois du Calvaire.

Cette grâce, cette faveur, cette aumône et cette bénédiction injustifiée, ne se limite pas seulement au niveau du Père, elle étend dans le Fils qui nous donne la vie éternelle gratuitement, non pas par les œuvres de la loi, mais la foi !

Elle continue sa route de Jésus vers le Saint-Esprit qui donne la force de résister au mal et de faire le bon choix dans notre marche avec le Seigneur !

Dieu dans toute sa grâce nous a donné son Fils Unique Jésus qui nous a donné à son tour le Saint-Esprit.

LA GRACE DANS LE PERE

« ***Le Dieu de toute grâce, qui vous a appelés en Jésus Christ à sa gloire éternelle, après que vous aurez souffert un peu de temps, vous perfectionnera lui-même, vous affermira, vous fortifiera, vous rendra inébranlables*** » 1 Pierre 5:10

Le Père manifesta la grâce par son amour infini pour le monde et nos a donné Jésus pour nous racheter du péché afin de lui appartenir et de le servir dans l'obéissance et dans la fidélité.

Il va nous perfectionner lui-même, nous affermir et nous fortifier afin de nous rendre inébranlables.

Notre Dieu est grand et il nous veut aussi grands. Mais cela ne sera pas par des exercices physiques. C'est par la foi en Jésus que cette grâce ira vers le Saint-Esprit avant de retourner au Père.

Cependant, nous n'avons pas la force requise pour y arriver, c'est ainsi qu'il vient vers nous par le chemin de la grâce et de la compassion pour nous racheter en Jésus et faire de nous un royaume des sacrificateurs.

Cette grâce du Père est l'aurore du don de Jésus pour l'humanité toute entière. Elle a connu son point d'action par l'amour, la compassion et la miséricorde du Père pour tous les hommes de la terre sans acception, ni choix.

C'est poussé par l'amour infini pour tous hommes que Dieu nous a donné son Fils Unique Jésus pour nous racheter de la mort et de la ruine éternelle.

Personne d'entre nous n'a pas sollicité le salut car nous étions tous perdus en Adam pour être rachetés en Jésus, non pas par la loi, mais par la foi !

Avant que le soleil ne se lève, Dieu dans sa grâce nous éclaire par l'aurore qui est une source de lumière sans origine connue des hommes pour nous dire que c'est le moment de la prière afin de commander les quatre extrémités de la terre avant le début de la journée.

L'aurore me fait penser à cette lumière de la terre du premier jour sans source connue qui vint pour l'éclairer et séparer le bien du mal.

La grâce est toute une disposition des faveurs et des dons qui se trouve en Dieu et dont la manifestation vient répondre à sa miséricorde. Cette disposition de l'amour et de la compassion a traversé toutes les dispensations et continuera son parcours jusque devant le trône du jugement dernier.

Elle vient du Père, passe par le Fils et continue dans le Saint-Esprit avant de retourner vers le Père. Et puis, elle reprend son parcours triangulaire jusqu'au dernier jour de la colère de Dieu qui sera manifesté sur les impies, les mécréants et les incorrigibles qui ont foulé aux pieds cette grâce manifestée en Jésus-Christ.

C'est maintenant le moment de prendre la plus grande décision de notre vie qui consiste à accepter Jésus comme Seigneur et Sauveur personnel afin d'obtenir la vie éternelle. C'est en ce moment de l'aurore qu'il faut se lever du lit pour posséder par une prière de foi les quatre extrémités de la terre.

Dieu libère sa grâce pour que nous puissions en tirer profit et devenir meilleurs dans ce système des choses et dans celui à venir par le chemin de la foi et non celui des œuvres de la loi.

LA GRACE DANS LE FILS

« ***Et la parole a été faite chair, et elle a habité parmi nous, pleine de grâce et de vérité ; et nous avons contemplé sa gloire, une gloire comme la gloire du Fils unique venu du Père. Jean lui a rendu témoignage, et s'est écrié : C'est celui dont j'ai dit : Celui qui vient après moi m'a précédé, car il était avant moi. Et nous avons tous reçu de sa plénitude, et grâce pour grâce*** » Jean 1:14-16

Jésus est la Parole faite chair qui est venue du ciel sur la terre pour nous montrer le chemin par la foi en lui et non par les œuvres de la loi.

En croyant en lui, nous avons vu la gloire de Dieu. Il est venu nous donner de sa plénitude et nous introduire dans une vie de grâce pour grâce.

Toute la plénitude de la grâce de Dieu ne pouvait pas nous être manifestée en dehors de Jésus qui est le Chemin, la Vérité et la Vie.

Toute la joie de Dieu le Père a été manifestée en Jésus. Et sans lui, nous ne pouvons rien faire.

Le train ne roule que sur le chemin de fer et nous en tant qu'enfants de Dieu, nous devrions marcher en suivant Jésus qui est le seul chemin qui conduit à la vie éternelle !

La grâce provient de Dieu le Père qui nous a donné vers son Fils Unique Jésus-Christ pour nous la révéler et nous y introduire en nous amenant à vivre par la foi et non plus par la loi !

LA GRACE ET LE SAINT-ESPRIT

« ***Mais vous recevrez une puissance, le Saint Esprit survenant sur vous, et vous serez mes témoins à Jérusalem, dans toute la Judée, dans la Samarie, et jusqu'aux extrémités de la terre.*** » Actes 1 :8

C'est le Saint-Esprit qui vient couronner la grâce de Dieu en nous. Il faut recevoir la puissance du Saint-Esprit pour devenir le témoin de sa grâce partout dans le monde entier.

Pierre eut la grâce du Seigneur et marcha cette nuit-là sur les eaux du lac de Galilée et comme il n'avait pas encore reçu le Saint-Esprit, il eut peur du vent et des vagues et se mit à couler. Heureusement il cria au secours du Seigneur qui le ramena dans la barque.

Il nia le Seigneur trois fois dans la nuit où il fut livré par Judas, son ministre des finances !

La grâce du Père et du Fils était bien présente, mais il n'avait pas la puissance du Saint-Esprit pour tenir le coup !

C'est le jour de la Pentecôte que Pierre se leva, remplit du Saint-Esprit pour ramener trois mille âmes au Seigneur Jésus !

Notre zèle, notre ardeur et notre vivacité a une limite et un bout pour chacun de nous. Cependant, le Saint-Esprit nous donne la puissance d'en haut et nous conduit dans la justice, l'obéissance et la fidélité à Dieu !

« ***Et il répondit, et me dit : C'est ici la parole de l'Eternel à Zorobabel, disant : Ce n'est point par armée, ni par force, mais par mon Esprit, a dit l'Eternel des armées.*** » Zacharie 4:6

Sans le Saint-Esprit, la grâce de Dieu est vaine !

Il faudra que le Seigneur Jésus nous donne la puissance qui est cachée dans le Saint-Esprit !

Il faudra terminer la course de la grâce de Dieu en passant par celle cachée dans le Seigneur Jésus et dans le Saint-Esprit !

LA MISERICORDE

« ***Car l'Éternel, ton Dieu, est un Dieu de miséricorde, qui ne t'abandonnera point et ne te détruira point: il n'oubliera pas l'alliance de tes pères, qu'il leur a jurée.*** » Deutéronome 4:31

La miséricorde de Dieu est une sensibilité à la souffrance de l'homme quoique pécheur à qui il envoie la grâce pour lui permettre de quitter le péché en croyant en Jésus afin de recevoir le don du Saint-Esprit.

Dieu a juré de ne point nous abandonner mais nous ne devrions pas fouler aux pieds ladite miséricorde qui est entourée de sa grâce divine !

C'est à cause de cela que nous devrions accepter Jésus par la foi et obtenir ainsi le don du Saint-Esprit.

L'aurore du salut c'est la grâce de Dieu dont la gloire est dans le Seigneur Jésus et dans le Saint-Esprit. Dieu le Père nous a donné Jésus qui nous a cédé le Saint-Esprit pour nous octroyer la force nécessaire pour appartenir à Dieu et le servir en toute obéissance et en toute fidélité.

Il est difficile et même impossible de séparer la grâce de la miséricorde.

« ***La grâce est trompeuse, et la beauté est vaine; La femme qui craint l'Eternel est celle qui sera louée.*** » Proverbes 31:30

Oui, la grâce est trompeuse car elle n'est pas éternelle. Il viendra un temps où elle sera arrêtée par la mort biologique et il sera trop tard pour le pécheur de se repentir afin de recevoir le Seigneur Jésus que l’on ne peut rencontrer que pendant que l’on a encore le souffle de vie en soi.

Elle est semblable à la beauté d'une femme qui est vaine si elle ne l'a pas utilisée pour l'affermir dans la bonté et dans la vertu qui portent des fruits éternels remplissant notre jardin vital dans ce système des choses et dans celui à venir en nous accompagnant devant le trône de Dieu dans les parvis des lieux très hauts.

Que la grâce de Dieu nous amènent à croire en Jésus pendant qu'il est encore trouvable car viendront des jours de désolation et de grande tristesse et ce sera trop tard.

L'aurore a une durée avant de laisser la place au grand soleil pour éclairer toute la journée ! Et gaspiller ce petit moment d'aurore, c'est perdre toute la journée sans le savoir!

Que la grâce de Dieu cachée dans l'aurore nous pousse à prier pour nous saisir des extrémités de la terre et demeurer dans l'enclos du Bon Berger.

« ***Va, crie ces paroles vers le septentrion, et dis: reviens, infidèle Israël! dit l'Éternel. Je ne jetterai pas sur vous un regard sévère; car je suis miséricordieux, dit l'Éternel, Je ne garde pas ma colère à toujours.*** » Jérémie 3:12

Dieu aime le pêcheur mais déteste le péché. Sa miséricorde est l'extension de son Nom qui est l'Amour!

Il nous promet de ne plus jeter un regard sévère sur l'homme, car il est plein de compassion et de miséricorde pour lui qui est une créature faite à son image et à sa ressemblance mais affaiblie par la chair.

A cause de sa compassion et non de nos œuvres, il nous promet de ne plus garder la colère contre nous pour toujours. C'est dans cet ordre d'idée que nous devons comprendre pourquoi il nous a envoyé son Fils Unique Jésus pour nous racheter de la servitude du péché.

Et refuser de croire en lui, c'est cracher sur cette unique opportunité d'accéder à la vie éternelle.

La grâce ainsi que la miséricorde de Dieu représentent l'aurore qui nous pousse à faire une rencontre personnelle avec Jésus avant qu'il ne soit trop tard.

II

IGNORANCE ET NEGLIGENCE

L'ignorance est une lacune à détenir la vraie information sur une personne, un événement ou une chose. Et cette insuffisance peut nous conduire à la ruine et à la destruction éternelle si nous continuons à croire que cette vie s'arrête devant le dernier rectangle.

« ***Jésus leur répondit: Vous êtes dans l'erreur, parce que vous ne comprenez ni les Ecritures, ni la puissance de Dieu.*** » Matthieu 22:29

Les Scribes et le Pharisiens étaient en erreur et ne comprenaient pas les écritures ainsi que la puissance de Dieu.

Tout le monde voit l'aurore dans le ciel mais nombreux ignorent la signification biblique de la chose croyant que c'est juste un signe naturel qui se dessine dans la voûte céleste !

Et pourtant c'est une heure de la visitation de Dieu car ce fut à la même heure qu'Israël traversa la Mer Rouge à pieds secs !

Et c'est à la même heure que le Seigneur ressuscita des morts, juste avant le lever du jour !

Nombreux ignorent qu'à cette heure-là, il y a la puissance de :

- L'exode et
- La résurrection.

C'est pour cette raison qu'il plus avisé de faire une prière de la possession des quatre extrémités de la terre avant que lever du jour.

Cette prière adressée à notre Père Céleste nous fait sortir de la nuit pour nous introduire dans le jour. Elle nous fait sortir de la mort pour la vie.

Elle nous communique la puissance de la résurrection dans le sens spirituel, physique, matériel, financier et même émotionnel d'une manière individuelle et collective.

La foi consiste à vivre non pas par ce que l'on voit mais par ce que l'on a entendu de la Parole de Dieu.

Ne regardons plus les belles couleurs de l'aurore dans le ciel avant le lever du jour, mais croyons même sans avoir ouvert notre petite fenêtre de curiosité, que la prière de l'aurore est une oraison puissante, efficace et agissante qui nous permet de nous saisir des quatre extrémités de la terre pour baliser le chemin pour une nouvelle journée !

« ***Ainsi donc, étant la race de Dieu, nous ne devons pas croire que la divinité soit semblable à de l'or, à de l'argent, ou à de la pierre, sculptés par l'art et l'industrie de l'homme. Dieu, sans tenir compte des temps d'ignorance, annonce maintenant à tous les hommes, en tous lieux, qu'ils aient à se repentir.*** » Actes 17:29-30

Pendant longtemps, nous avons vécu dans l'ignorance et le manque de la vraie information. Nous étions aveuglément plongés dans la tradition et dans la coutume sans savoir la vérité de l'œuvre de la croix.

Et maintenant que nous avons pris la décision de suivre le Seigneur Jésus, Dieu nous a pardonnés sans tenir compte du temps d'ignorance !

Devrons-nous encore rentrer dans l'idolâtrie et la vie du péché ?

Absolument pas !

Cela est irréversible car que nous avons reçu la connaissance de la nuit et du jour, celle du mal et du bien !

LA NELIGENCE

La négligence est une inattention, une inadvertance et une légèreté dans le comportement de celui qui connaît bien ce qu'il faut faire.

« ***Lorsque quelqu'un, parlant à la légère, jure de faire du mal ou du bien, et que, ne l'ayant pas remarqué d'abord, il s'en aperçoive plus tard, il en sera coupable.*** » Lévitique 5:4

Elle est punissable car celui qui est négligent connaît bien ce qu'il faut faire, mais agit sans aucune responsabilité.

Maintenant que nous connaissons le mystère de l'aurore, pas en observant ses belles couleurs dans le ciel, mais en adressant une prière de possession des extrémités de la terre légèrement avant le lever du jour, faisons-le aussi longtemps que nous le pourrons et nous verrons la différence.

Job, un homme pieux ne connaissait pas le mystère de l'aurore et se couchait et se levait comme une poule dans la basse-cour malgré le chant du coq !

Et après cette révélation, Dieu lui donna le double de ce qu'il avait perdu.

Il y a un mystère dans la révélation qui élève le linteau de notre vie dans le Seigneur. Il s'agit bien de petites choses capables de changer notre manière de servir notre Père Céleste !

Ne nous laissons pas conduire par la distraction ou par l'émotion.

« ***Si des hommes se querellent, et qu'ils heurtent une femme enceinte, et la fasse accoucher, sans autre accident, ils seront punis d'une amende imposée par le mari de la femme, et qu'ils paieront devant les juges. Mais s'il y a un accident, tu donneras vie pour vie, œil pour œil, dent pour dent, main pour main, pied pour pieds.*** » Exode 21:22-25

Même pendant les moments exceptionnels de querelle, il faut faire attention car la mégarde peut nous traîner dans des conséquences fâcheuses et saumâtres !

Un forfait commis par négligence est autant puni que celui commis par ignorance.

Cela me fait penser à ce qui se passe à la barrière au niveau de la frontière entre la République Démocratique du Congo et la Zambie.

Quand on vient de la République Démocratique du Congo, on roule à droite et une fois qu'on traverse la barrière zambienne, on est obligé de rouler à gauche qu'on le sache ou pas. Sinon on tombe entre les mains des agents qualifiés de peur de provoquer des accidents inutiles.

Il en est de même quand un véhicule qui vient de la Zambie traverse la barrière congolaise, il doit cesser de rouler à gauche pour opter pour la droite.

Nous n'allons pas continuer à pratiquer les mœurs que nous avions l'habitude d'entériner quand nous étions dans la servitude du péché, après avoir accepté le Seigneur Jésus et pris la décision de le suivre pour le reste de nos jours.

L'ignorance et la négligence n'ont plus de place dans notre nouvelle vie.

Cela me fait penser à la sortie du peuple d'Israël du pays de Pharaon. Ils avaient cessé de manger les raisins et devraient continuer la route avec la manne et les cailles.

Ils ne suivaient plus la loi de Pharaon. Ils étaient conduits dorénavant par la nuée pendant le jour et par la colonne de feu pendant la nuit. Et par-dessus toute chose, il avait reçu par Moïse de la part de Dieu la double table des dix commandements pour une alliance avec le Père Céleste.

Et pour leur perfectionnement, Dieu leur donna des prescriptions pour les dispositions particulières à prendre dans la vie de tous les jours d'une manière individuelle et collective !

Dieu ne tient pas compte du temps d'ignorance et nous révèle aujourd'hui les mystères liés à la prière faite au moment de l'aurore, avant le lever du jour nouveau sur notre randonnée dans cette chair !

L'IGNORANCE

L'ignorance est une insuffisance à ne pas avoir accès à une information d'une manière ou d'une autre. Elle peut provoquer des conséquences fâcheuses allant jusqu'à la mort.

«***Mon peuple est détruit, parce qu'il lui manque la connaissance. Puisque tu as rejeté la connaissance, Je te rejetterai, et tu seras dépouillé de mon sacerdoce; Puisque tu as oublié la loi de ton Dieu, J'oublierai aussi tes enfants.*** » Osée 4 :6

Nous n'avons pas le droit d'oublier la loi de Dieu et ses promesses car c'est la révélation et la vérité qui nous donnent la vie en abondance.

Paul mal renseigné persécuta l'Eglise du Seigneur croyant servir le Dieu du Ciel, avant de rencontrer la lumière de Jésus sur le chemin de Damas !

Quand on n'a pas la connaissance parfaite et couronnée de quelque chose ou d'une personne, il est sage et avisé de bien prendre le temps nécessaire pour se renseigner à la meilleure source.

Les juifs ne reconnurent pas Jésus comme Seigneur et Sauveur. Ils crurent qu'il était le fils du charpentier ou un roi de l'ordre de David pour les sauver des mains des romains et le crucifièrent à la croix du calvaire.

A cause de cela, le royaume leur fut arraché pour être remis aux nations. Un des deux voleurs qui était aux côtés du Seigneur à la croix, fut sauvé juste après quelques minutes de supplication de sa part. Il reconnut Jésus comme un homme juste qui devait revenir dans sa gloire.

Il fut ainsi sauvé et s'en alla avec Jésus dans le paradis le soir du même jour, laissant les filles de Jérusalem et la Vierge Marie ainsi que Jean pleurant et larmoyant au pied de la croix.

L'un des soldats romains confirma après qu'il y ait eu un tremblement de terre, les ténèbres sur la terre pendant trois heures et que le voile du Temple se soit déchiré de haut en bas qu'assurément, Jésus était le Fils de Dieu.

Jacob avait les yeux fixés sur Rachel alors que dans le plan de Dieu ce fut de Léa qu'est venu le Sauveur de toute l'humanité.

Nombreux croient que la foi est une affaire des pauvres et des faibles oubliant que l'enfer est une réalité et que beaucoup de ceux qui ont rejeté la connaissance et la révélation s'y retrouveront tardivement et désespérément.

Pour eux, ils continuent à croire que la vie s'arrête devant le dernier rectangle et une fois que la page est tournée, il n'y a plus rien à ajouter. C'est à cause de cette ignorance qu'ils s'accrochent au monde et à son plaisir.

Cette ignorance les gardent captifs et candidats de l'étang de feu qui constituent la seconde mort.

Les relations sexuelles ne peuvent se faire que dans le mariage. Cependant, même des enfants dans la maison de Dieu se croient tout permis et vont jusqu'à avoir de relation sexuelle pendant la période des fiançailles.

Certaines sœurs même au sein de l'église locale se permettent de se débarrasser des grossesses indésirables. Cela est une abomination devant le Seigneur qui trouve toute vie importante et précieuse devant sa face.

Même si pareil acte se fait avec l'aval d'un médecin, je vous exhorte à ne pas vous conformer au siècle présent, mais de dépendre de la Parole de Dieu.

Les réponses aux problèmes de tous les hommes sont enfouies dans la Parole de Dieu que je vous prie à lire de temps en temps pour accroître la connaissance et le discernement.

III

MYSTERES DE LA PRIERE DE L'AURORE

On peut commander le matin par la foi en Jésus-Christ en faisant des déclarations positives en en écartant toutes les malédictions et imprécations de la part de nos ennemis pour être du bon côté car le monde et ce qu'il contient sont sortis de la Parole de Dieu.

A cette heure de chevauchement entre la nuit et le jour avant que n'apparaissent les premiers rayons solaires, nous pouvons nous lever de notre lit alors que les autres ronflent profondément pour commander les bonnes choses pour notre modeste compte, celui de la famille ainsi que celui de la société.

A cette heure précise, comme susmentionné, le Seigneur Jésus ressuscita des morts. Il refusa que le soleil le trouvât dans la tombe !

C'est à cette heure précise qu'un ange vint du ciel pour rouler la pierre afin de le laisser partir alors que les soldats qui gardaient devant la porte de la tombe furent jetés par terre car rien ne pouvait plus le retenir dans le séjour des morts.

LA PIERRE ROULEE PAR UN ANGE

« *Après le sabbat, à l'aube du premier jour de la semaine, Marie de Magdala et l'autre Marie allèrent voir le sépulcre.*

Et voici, il y eut un grand tremblement de terre; car un ange du Seigneur descendit du ciel, vint rouler la pierre, et s'assit dessus.

Son aspect était comme l'éclair, et son vêtement blanc comme la neige.

Les gardes tremblèrent de peur, et devinrent comme morts.

Mais l'ange prit la parole, et dit aux femmes: Pour vous, ne craignez pas; car je sais que vous cherchez Jésus qui a été crucifié.

Il n'est point ici; il est ressuscité, comme il l'avait dit.

Venez, voyez le lieu où il était couché, et allez promptement dire à ses disciples qu'il est ressuscité des morts.

Et voici, il vous précède en Galilée: c'est là que vous le verrez. Voici, je vous l'ai dit. » Mathieu 28 :1-7

Le Seigneur Jésus ressuscita à l'aurore du premier jour après le Sabbat, bien avant que le soleil ne se lève car il mourut dans une grande obscurité qui couvrit la terre depuis la sixième heure jusqu'à la neuvième heure, interdisant ainsi le soleil de le voir décéder. Et c'est ainsi qu'il devait quitter la tombe avant le matin !

Partant, nous devrions nous adresser au Seigneur aux premières heures juste avant que le soleil ne se lève, car c'est le moment de la grâce de la résurrection et de la traversée de la Mer Rouge !

Efforce-toi à te lever de ton lit vers cette heure de l'aurore pour commander l'ouverture du matin car il y a bien de gens qui meurent pendant la nuit, incapables de commander la pierre à rouler pour leur permettre d'accéder au matin suivant.

Quand nous étions de petits enfants, nous croyions tous qu'il y avait de petits bonhommes à l'intérieur de la radio !

Il m'a fallu personnellement, aller à l'école secondaire pour apprendre comment fonctionne la radio et la télévision au cours d'électricité afin de comprendre définitivement qu'il n'y avait personne en miniature dans une radio !

Je vous invite à cette école de l'aurore à la lumière de la Bible pour vous communiquer les mystères liés à la prière de l'aurore qui est apparemment, celle de la routine pour beaucoup de croyants !

Cette prière fait descendre par la foi un ange qui vient rouler la pierre placée et scellée sur la porte du jour suivant par nos ennemis !

La prière de l'aurore nous fait entrer dans une dimension angélique que nous ne savons pas expliquer car il s'agit là des choses que l'œil n'a pas vues, que l'oreille n'a pas entendues et qui ne sont pas montées au cœur de l'homme. Car la foi appelle à l'existence les choses invisibles à l'œil.

Il y a un ange disposé depuis le ciel pour venir rouler la pierre de tes bénédictions d'en haut, d'en bas et du sein maternel, juste contre ta petite prière du matin. Alors ne le fais pas chômer car il est là pour toi !

C'est un ange puissant qui vient avec un tremblement de terre en ta faveur et en celle de tous les tiens !

Ne manque plus à ce rendez-vous de l'aurore dorénavant car ta bénédiction et ta prospérité en dépendent.

La position horizontale est celle de la faiblesse. Lève-toi et invoque de Dieu l'aube de toute entreprise et l'ange roulera la pierre sur la porte de ta bénédiction et de ta prospérité et rien ne saura te nuire. Et tu comprendras ainsi pourquoi les personnes d'esprit simple meurent très souvent pendant la nuit.

C'est tout simplement parce qu'ils sont passés loin de cette bonne habitude et la pierre qui donne sur le jour suivant n'a pas pu être roulée en temps réel en réponse à la petite prière de l'aurore.

Toi et moi n'avons pas la force de rouler cette lourde pierre scellée de l'extérieur, et mise à dessein sur la porte du jour suivant. Elle illustre la porte de l'Arche de Noé que seul Dieu devait ouvrir de l'extérieur.

Nous bénéficions ainsi alors l'aide du Seigneur qui va envoyer son ange pour la rouler de la sortie donnant sur le jour nouveau plein de béatitude, juste à cause de ladite petite prière de l'aube.

A son arrivée, il la roulera et s'y assiéra pour ne plus permettre aux ennemis de la retourner !

LE TREMBLEMENT DE TERRE

L'ange qui roula la pierre placée et scellée sur la tombe du Seigneur vint à l'heure de l'aurore avec un grand tremblement de terre comme ce le fut au jour de la crucifixion du Seigneur et celui de la venue du Saint-Esprit et du feu sur les cent-vingt disciples du Seigneur dans la chambre haute après son ascension.

Le tremblement de terre est une manifestation, du point de vue biblique de la présence de Dieu pour un réconfort ou pour un châtiment !

Je ne parle pas de séisme naturel, mais particulièrement de la manifestation de la présence de Dieu selon les Saintes Ecritures.

Et celui de l'aurore dans le cas de l'ange de la résurrection fut un tremblement de terre de la destruction des œuvres du diable et de ses acolytes.

Dieu peut venir même dans la brise pour nous visiter car il parle tantôt d'une manière, tantôt d'une autre et certaines personnes n'y prennent pas garde car la grâce et la miséricorde sont disponibles pour tous.

Le Seigneur Jésus mourut dans un tremblement de terre en dépouillant les autorités et les principautés à la croix et il est ressuscita aussi avec un tremblement de terre pour confondre les gardes placés à côté de la pierre scellée !

« ***Vers le milieu de la nuit, Paul et Silas priaient et chantaient les louanges de Dieu, et les prisonniers les entendaient.***

Tout à coup il se fit un grand tremblement de terre, en sorte que les fondements de la prison furent ébranlés; au même instant, toutes les portes s'ouvrirent, et les liens de tous les prisonniers furent rompus.

Le geôlier se réveilla, et, lorsqu'il vit les portes de la prison ouvertes, il tira son épée et allait se tuer, pensant que les prisonniers s'étaient enfuis.

Mais Paul cria d'une voix forte: Ne te fais point de mal, nous sommes tous ici. » Actes 16 :25-28

Cette fois-ci, ce n'est pas à l'aurore mais entre la deuxième et la troisième veille de la nuit. Et cela montre que nous ne sommes pas vraiment tenus à respecter l'heure de la montre car l'aurore représente le début d'une visitation de Dieu de jour ou de nuit !

Si vous vous réveillez en retard le matin vers sept heures, ne vous découragez pas car ce moment précis devient votre heure d'aurore pour la journée et rassemblez vos forces pour adresser une prière à Dieu afin de posséder les quatre extrémités de la terre en votre faveur.

Après la prière, il y en une autre qui nous attend. Et avant de commencer quelque chose quelle que soit l'heure, il faut prier pour posséder toutes les bénédictions y afférentes !

Ce jour-là en réponse à la prière et à la louange de Paul et Silas, il y eut un grand tremblement de terre dans le milieu de la nuit, entre la deuxième et la troisième veuille pour confondre les gardes de ce monde !

Et tous les liens se détachèrent et les portes de la prison s'ouvrirent. Ce fut une démonstration de la puissance de Dieu et aucun prisonnier ne s'évada point !

Le tremblement de terre de la visitation de Dieu dans la prière de l'aurore réduit nos ennemis au silence et ils restent comme des morts.

Il provoque l'effroi et la panique dans les cœurs de nos ennemis et les dépouille de toute force. Il ouvre les portes de toutes les prisons pour libérer les captifs car l'on est esclave de la chose ou de la personne qui domine sur nous.

Il fait tomber tous les liens du péché et de la rébellion envers Dieu et nous donne la semence de la justice, la paix, l'obéissance et la fidélité aux Saintes Ecritures.

Une prière de foi invite le Dieu du tremblement de terre à plonger nos ennemis dans l'effroi et la désolation afin de nous permettre paisiblement de continuer notre randonnée dans ce système des choses vers la vie éternelle.

Nous allons nous inspirer de **Job 38 :12-14** pour comprendre les avantages cachés dans la prière de l'aurore.

COMMANDER L'AURORE

La prière de l'aube montre à l'aurore sa place. Elle donne des instructions précises à l'aurore afin qu'elle se saisisse des extrémités de la terre et qu'elle secoue les ennemis afin de donner une empreinte comme l'argile dans les mains du potier et du porcelainier.

En d'autre terme nous ne devrions pas limiter notre prière à notre petite vie et à notre famille. Dieu nous a placés comme des sentinelles pour toute la terre.

Cette prière de l'aube est une oraison pour toutes les extrémités de la terre. Nous sommes des intercesseurs au service de l'humanité toute entière surtout en ce temps où nous avons un visiteur véreux et déloyal aux portes de tous les peuples de la terre que l'on appelle Covid-19.

A partir de notre chambre, nous pouvons commander l'aurore avant que le soleil ne se lève afin que la faveur soit davantage multipliée et vulgarisée individuellement et collectivement.

Abraham le fit pour Lot et le coup réussit en sa faveur. Même la colère de Dieu peut être détournée par une prière d'aurore. Et surtout que dans le cas d'une intercession, la foi de la victime n'est pas exigée.

Il est temps de commander l'aurore en faveur des citoyens de la terre de tout peuple et de toute langue face à cette agression biologique du Covid-19 car Dieu seul, a le premier et le dernier mot pour tous les hommes.

Les grandes puissances de la terre sont à genoux et le remède définitif échappe aux laboratoires des apprentis-sorciers de ce siècle de vitesse et de haute technologie. Cependant notre Dieu garde sa position depuis des temps les plus reculés de l'origine de la vie conformément à sa Parole. Il suffit de le lui demander de tout notre cœur et il le fera en notre faveur commune car cela ne lui coûte rien du tout !

Dans le nom puissant de Jésus, nous décrétons la fin de cette pandémie sortie des laboratoires des savants sans cœur et sans retenue de ce monde qui seront confondus tous.

Oui, du plus grand au plus petit, du plus fort au plus faible, par la visitation divine de notre Dieu en faveur de l'humanité toute entière !

L'heure est là où l'ange de la guérison sera lâché par Dieu sur toute la terre car l'homme vient, une fois de plus, de montrer ses limites dans le temps et dans l'espace.

Les lois naturelles et les lois scientifiques n'ont pas pu mettre hors d'état de nuire ce germe dévastateur de mauvais goût du milieu de nous.

C'est ainsi que nous commandons l'aurore et l'aube de ce temps de déconfinement progressif à se saisir des extrémités de la terre pour renverser Covid-19 et le classer dorénavant dans le même tiroir que la fièvre jaune, le SIDA et l'Ebola dans le Nom Puissant de Jésus !

SECOUER LES MECHANTS

Par cette petite prière de l'aurore de ce déconfinement progressif en vue, en ma qualité d'Aumônier, je me lève et m'associe à tout autre intercesseur de bonne foi pour secouer sans pitié ce virus qui a pu avoir le culot de fermer les lieux de confession religieuse sur toute la planète bleue.

Ecoute-moi Covid-19, car je sais que tu as des oreilles quoique dépourvu des membres supérieurs et inférieurs.

Cette prière d'aurore de ce déconfinement progressif constitue ton certificat de décès, non négociable et sans délais !

Tu as secoué même les grandes puissances de la terre mais moi je te secoue dans le Nom Puissant de Jésus. Tes aventures d'amateur appartiennent dorénavant au passé car tu es précipité dans le feu préparé depuis la fondation du monde ensemble avec tes initiateurs et tes acolytes, à moins qu'ils se repentent et qu'ils portent des fruits dignes de leur conversion.

QUE LA TERRE SE TRANSFORME

La prière de l'aurore transforme la terre !

Elle réforme individuellement et collective les cœurs disposés et bienveillants.

Oui, la prière de l'aurore naturelle ou circonstancielle a en elle la puissance de la transformation en dehors des lois naturelles et scientifiques en notre connaissance.

Elle transforme ainsi:

- La mort en vie,
- La disette et satiété,
- Le mal en bien,
- Le soir en matin ;
- Le châtiment en réconfort et
- La malédiction en bénédiction.

Peut-être que vous ne le faites pas ignorance ou par négligence. Cependant j'aimerais vous inviter à goutter les merveilles de cette oraison de l'aube et franchement, vous ne serez pas déçus.

Les ennemis autour de vous, avec ou sans cause et cherchent votre chute coûte que coûte !

Jésus est notre ami fidèle commun qui nous tend la main pour nous décharger et nous conduire en Bon Berger vers le meilleur pâturage de la foi, l'espérance et l'amour.

Il va transformer notre homme intérieur et influencer positivement notre homme extérieur. Il nous donnera un cœur de chair pour partager, pardonner et même oublier le mal que les autres nous ont causé en famille et dans la société.

Et dans notre vie de chaque jour, prenons la sage habitude de prier avant de faire quoique ce soit pour donner le fond et la forme qu'il faut à la chose entreprise.

Nous pouvons dans le cas du Covid-19 rassembler nos prières et mettre hors d'état de nuire ce monstre en miniature !

Si le géant Goliath tomba devant le jeune David, qu'est-ce c'est que Covid-19 pour insulter la population de la terre ?

Cette fois-ci, Covid-19, ses initiateurs et ses acolytes sauront que le Nom de Jésus est plus grand et plus puissant que tout autre nom.

Que ce soit dans les cieux, sur la terre et sous la terre rien ne résiste à ce Nom devant lequel genou fléchit dans les cieux, sur la terre et sous la terre.

QUE LA TERRE RECOIVE UNE EMPREINTE

La terre est comme l'argile dans la main de Dieu et peut être transformée et marquée d'une empreinte, selon la loi du bon vouloir de notre Père Céleste.

La prière d'Abraham donna une autre forme et une nouvelle empreinte à la destruction de Sodome et Gomorrhe et Lot et sa famille furent épargnés.

Celle d'Anne lui donna Samuel qui avait une empreinte d'un serviteur de Dieu et d'un grand juge en Israël.

Celle de Marie à la fête de Cana en Galilée donna une nouvelle allure et une autre borne aux invités de ce jour-là à cause du vin nouveau et excellent capable de vulgariser la joie et la jubilation là où il n'y en avait plus !

La prière du Seigneur à la croix nous a introduits dans la rédemption éternelle en nous donnant le sceau du Saint-Esprit par la foi et non par les œuvres de la loi.

Notre prière en cette aurore du déconfinement progressif contre Covid-19 donnera une autre forme à la terre toute entière et une empreinte de notre foi commune en celui qui est le maître des temps et des circonstances.

QU'ELLE SOIT PAREE D'UN VETEMENT

La prière de l'aurore donne un vêtement nouveau au jour suivant qui est informe et vide !

Et la première parure de la terre du premier jour fut la lumière qui n'avait ni source, ni origine, sans laquelle nous tâtonnerons de jour comme de nuit.

Les inventeurs de ce germe diabolique et infernal ont agi par ignorance en croyant trouver une solution pour la gestion de la population. Leur but et leur épilogue étaient celui de décimer la population de la terre pour avoir plus d'espace et plus de richesse en commençant par l'Afrique.

Et ils ont été tous confonds !

Il y a eu plus de victimes dont le sang crie fraîchement vengeance devant le trône de Dieu, chez eux que chez nous en Afrique car un jour les juifs tuèrent le propre Roi par ignorance alors qu'un africain l'aida à transporter la croix jusqu'à Golgotha !

Dieu se souvint de nous et nous invite à vulgariser davantage cette victoire jusqu'aux extrémités de la terre par cette oraison de l'aurore en face de ce déconfinement progressif.

Et comme dans le cas de la terre aux origines, par la puissance de la Parole, Dieu l'habilla et la décora en tout et pour tout. Et de tous les temps elle fait la beauté de Sa manifestation dans tout l'univers.

Elle est l'unique planète où les hommes peuvent vivre dans cette chair pour un temps avant d'aller dans la dimension de l'esprit et de l'éternité.

Personne ne peut ne prendre la place de Dieu pour réduire la population de la terre par des formules d'apprentis-sorciers et de la science des hommes. Cela parce que les origines de la terre ne sont pas scientifiques mais divines !

Ils ont été pris dans leur propre piège et sauf erreur de ma part, il y a eu plus de naissance pendant ce temps de confinement que des morts.

C'est Dieu qui a fondé cette terre. Il en est le maître absolu et souverain et rien ne lui échappe.

La solution pour régulariser démographie de la terre se trouve dans l'enlèvement du Corps de Christ et nulle part ailleurs !

Vous avez exposé des innocents à la mort sans raison fondée à cause de votre ignorance et votre invalidité en croyant rendre un service de régulation démographique à Dieu par tâtonnement en inventant un virus diabolique et incontrôlable contre toute attente.

Il faudra demander pardon à Dieu avant que ne vous arrive le pire !

Que Dieu puisse nous débarrasser de cette honte et de cette humiliation en vous parant de sa gloire et de son éclat par cette oraison de l'aurore en face de ce déconfinement progressif contre Covid-19.

LE CHATIMENT DES MECHANTS

« ***Pour que les méchants soient privés de leur lumière, et que le bras qui se lève soit brisé ?*** » Job 38 :15

Les méchants doivent se repentir de peur qu'ils soient privés de leur lumière. Ils seront dans la confusion comme un insecte pris dans une toile d'araignée car notre Dieu exauce la prière de l'aurore.

Ne te venge pas contre tes ennemis, laisse Dieu seul les réprimer par la prière de l'aurore.

Privés de leur lumière, tes ennemis entendront ta voix mais ne sauront pas t'attendre. Ils tomberont mille à ta gauche et dix mille à ta droite et tu ne seras point atteint. Ils viendront par un seul chemin mais retourneront par sept chemins différents car la Dieu de la prière de l'aurore sera toujours avec toi, non à cause de tes œuvres de la loi mais à cause de ta foi en Jésus !

Lot expérimenta ce châtiment quand les gens de la ville de Sodome et de Gomorrhe cherchaient de nuit à nuire les deux anges de la destruction ayant élu domicile dans sa maison.

Ils furent tous frappés de berlue et étaient incapables d'entrer dans la maison de Lot pour mettre la main sur les deux anges en mission.

A la sortie du peuple d'Israël du pays de la servitude, en face de la Mer Rouge, la colonne de feu brillait du côté du peuple choisi de Dieu et de l'autre côté des méchants, il y avait des ténèbres.

Le Seigneur Jésus, à chaque fois que les Scribes et les Pharisiens cherchaient à mettre la main sur lui, ils n'arrivaient plus à le détecter. Ils étaient frappés d'aveuglement alors que lui se retirait et s'en allait ailleurs, les laissant ainsi dans la confusion.

C'est d'ailleurs à cause de cela qu'il fallait passer par la trahison de Judas pour l'arrêter cette nuit-là.

Que le Dieu de l'aurore descende dans ta vie, celle de ta famille et de la société toute entière pour plonger dans les ténèbres tous les ennemis de la vertu et de la justice.

Que tout bras levé contre toi, ta famille et la société toute entière soit brisé par le Dieu exauce la prière abrégée de l'aurore.

Nous avons perdu bien de combats à cause de la précipitation en rejetant la prière de l'aube de toute chose à entreprendre !

David demandait la feuille de route avant de s'engager dans le combat et il attendait l'ordre de Dieu et c'est ainsi qu'il revenait toujours vainqueur !

Ayons dorénavant la sage et prudente habitude de préparer nos excursions dans la prière de l'aurore afin que Dieu s'occupe de nos ennemis.

IV

L'AURORE DE TOUTE CHOSE

La Parole de Dieu est l'aurore de toute chose visible et invisible.

« ***Au commencement, la Parole existait déjà. La Parole était avec Dieu et la Parole était Dieu.***

Elle était au commencement avec Dieu. Tout a été fait par elle et rien de ce qui a été fait n'a été fait sans elle.

En elle il y avait la vie, et cette vie était la lumière des êtres humains.

La lumière brille dans les ténèbres, et les ténèbres ne l'ont pas accueillie. » Jean 1 :1-5

A l'aurore de toute chose, la Parole existait déjà. Elle est invisible mais agissante et créatrice. Et c'est cette Parole qui était avec Dieu et qui était Dieu lui-même.

Rien de ce qui a été fait, ne fut fait sans elle.

La vie était en elle. Elle est sortie d'elle et s'est vulgarisée par elle. Et c'est elle la lumière de tous les hommes.

En d'autres termes, nous devons commander l'aurore de chaque chose à entreprendre dans le strict respect de la Parole de Dieu.

Notre confession, notre déclaration et notre attente devront être conformes à la Parole de Dieu. Et le tout soutenu par la foi en Jésus-Christ qui est la Parole faite chair pour nous communiquer la grâce venue de Dieu !

Quand nous observons les six jours de la création sur la transformation progressive de la terre, nous voyons que Dieu ne se sert de rien d'autre que de Sa propre Parole qui est lui-même, pour donner une empreinte selon sa volonté à cette planète qui est devenue si merveilleuse et si stupéfiante que même quelques anges y sont descendus !

Les six jours de la création ont été conduits par la Parole de Dieu, celle de l'aurore qui apporta la lumière sur la terre du premier jour.

Elle sépara les eaux d'en haut des eaux d'en bas au second jour. Elle appela à l'existence la terre sèche et la mer au troisième jour ainsi que la verdure.

Au quatrième jour, elle fixa les luminaires dans le ciel et au cinquième jour la mer produisit les animaux aquatiques et les oiseaux remplirent les cieux sur ordre de Dieu.

Au sixième jour elle accueillit les animaux de la terre ferme. Et enfin ce fut la création de l'homme et de la femme !

Il y a une puissance extraordinaire dans la déclaration et dans la confession qui amène à l'existence ce qui n'existe pas. Et tout cela se faisait à l'aube.

Et la prière de l'aurore a aussi une puissance extraordinaire selon la foi de chacun.

LA PAROLE DE DIEU EST DIEU LUI-MEME

La Parole de Dieu est Dieu lui-même. Elle sort et ne lui retourne pas sans avoir produit les effets pour lesquels elle fut prononcée.

« ***Comme la pluie et la neige descendent des cieux, et n'y retournent pas sans avoir arrosé, fécondé la terre, et fait germer les plantes, sans avoir donné de la semence au semeur et du pain à celui qui mange,***

Ainsi en est-il de ma parole, qui sort de ma bouche: Elle ne retourne point à moi sans effet, Sans avoir exécuté ma volonté et accompli mes desseins. » Esaïe 55 :10-11

La semence la plus productive et la plus fidèle est la Parole de Dieu. Elle est comme la pluie qui descend du ciel pour faire du bien aux hommes. Elle arrose la terre, la féconde et fait germer les plantes selon leurs semences et leurs espèces. Et celui a travaillé aura du pain et de la nourriture dans la loi de l'addition et de la multiplication ainsi que celle de la domination.

Ainsi en est-il de celui qui commande l'aurore de sa journée pour qu'elle soit arrosée par la puissance divine en sa faveur et en celle des autres tout en menaçant les méchants et les ennemis des enfants de Dieu.

La terre a obéi à la Parole de Dieu depuis les temps les plus anciens mieux que nous les hommes créés à son image et à sa ressemblance.

Et quiconque invoquera le Seigneur ne sera pas confondu. Dieu se place derrière la parole de foi de ses serviteurs pour qu'elle produise les fruits escomptés en sa saison dans le respect de la semence et celui de l'espèce.

Il y a une puissance de la semence et de la récolte dans la parole de foi de tout serviteur de Dieu qui fait des déclarations de foi !

Le premier ennemi de notre prière est le manque de foi y afférente de notre part. Nous sommes contraints de croire en notre propre prière de tout notre cœur afin de donner corps à notre déclaration et notre confession.

« ***Elie était un homme de la même nature que nous: il pria avec instance pour qu'il ne plût point, et il ne tomba point de pluie sur la terre pendant trois ans et six mois.***

Puis il pria de nouveau, et le ciel donna de la pluie, et la terre produisit son fruit. » Jacques 5:17-18

Une prière de foi a la valeur de la Parole de Dieu car Dieu agit par amour et l'homme par la foi. C'est la foi qui confère la puissance à notre prière.

En ces moments où nous sommes attaqués par le Covid-19, nous pouvons par la foi l'arrêter et le retourner chez son expéditeur !

Et il en sera ainsi. Soyons attentifs et gardons cette fois-ci notre obéissance et notre fidélité en la Parole de Dieu. Ce Covid-19 que l'on voit venir appartiendra très bientôt au passé car il nous sera fait selon notre foi.

C'est à cause de cela que la prière de foi de l'aurore prend le contrôle de toute la terre.

Quelques minutes dans la présence de Dieu très tôt le matin, à l'heure de l'aurore avant que tous les hommes ne se réveillent, balisent le chemin de la petite famille, celui de société et de toute la surface de la terre par la foi et non par la loi.

Avant de commencer quoi que ce soit, adressons par sagesse et par prudence une courte prière à Celui qui a le premier et le dernier mot dans la vie de chacun de nous.

Si Dieu se servit de sa propre Parole pour appeler à l'existence le monde visible et invisible sans l'aide de nul ni de personne, sans marteau et sans burin, à combien plus forte raison n'exaucerait-il pas la prière de foi au nom de Jésus pour quiconque la lui adresserait?

Evitons une fois de plus l'ignorance et la négligence, comme ce le fut dans le cas de Lazare et ses deux sœurs Marie et Marthe, malgré la connaissance qu'elles avaient sur le mystère de la résurrection !

Oui, Lazare mourut à cause de la négligence de ses deux sœurs qui attendaient le Seigneur Jésus à la maison.

Elles pouvaient au contraire le suivre au lieu où il était avec leur frère malade afin qu'il priât pour sa guérison !

Nous n'avons plus le droit de négliger ou d'ignorer la prière de puissance de l'aurore, celle de l'aube de tout ce que nous entreprenons afin de posséder les extrémités de la terre et de confondre nos ennemis.

Anne priait pour avoir au moins un enfant. Et la déclaration de foi d'Eli le sacrificateur lui apporta le repos. Elle eut l'enfant Samuel qu'elle remit à Dieu après l'avoir sevré et Dieu lui ajouta encore trois autres garçons et deux filles.

Oui, notre Dieu donne de fois plus que ce que nous lui demandons.

Ce fut dans une réunion publique de prière dans le stade Manika dans la petite ville minière de Kolwezi dans le grand Katanga, que ma propre tendre et douce femme fut arrachée de la stérilité par la prière du serviteur de Dieu Ahidini Abala, représentant légal de l'Eglise Nzambe Malamu en République Démocratique du Congo en 1987.

Il ne lui avait pas imposé les mains. Il avait gardé sa distanciation et sa déclaration d'interstice nous accorda un enfant venu de Dieu par la prière de son serviteur.

Personne n'a jamais vu Dieu. Et moi à mon tour, ensemble avec ma femme avions expérimenté dans notre ministère d'aumônerie la guérison et les miracles divers pour ceux qui avaient cru en notre témoignage.

Plus de trois couples eurent des enfants après un bon moment de stérilité et d'humiliation par nos prières et nos affermissements. Personnellement, Dieu me fit la grâce d'un cas de résurrection sur quelqu'un que je ne connaissais même pas.

Ce jour-là je n'avais que ma propre foi car celui pour qui je priais était déjà mort! C'était en 2010 dans la ville de Kinshasa que Dieu honora ma petite foi d'aumônier. Ceux qui étaient avec moi me transportèrent de joie dans leurs mains pendant une dizaine de minutes en chantant des cantiques d'allégresse et de gratitude envers celui qui ramène la vie de la mort.

Comment le prouver aujourd'hui ?

Quiconque s'agenouillera une ou plusieurs fois pendant la lecture de ce présent livre pour demander quoi que ce soit à notre Père Céleste, verra la chose s'accomplir. Et il se joindra à nous sur l'estrade du témoignage.

Le temps des miracles et des témoignages n'est pas révolu. C'est tout simplement par négligence et par ignorance que nous gardons notre bouche fermée.

Dans tout le ministère public de Jésus tel que décrit dans les quatre évangiles, il ne servit que de la Parole qui est lui-même !

A la croix il expira après avoir fait une série des déclarations qui avaient suffisamment montré qu'il était la Parole faite chair, l'Unique Fils du Dieu Vivant !

Avant toute chose, prenons un petit moment pour nous adresser à Dieu tout en lui exprimant le vœu et le besoin de notre cœur et celui des autres selon la mesure de grâce nous accordée de sa part.

Notre Dieu est bon, fidèle et miséricordieux pour nous soutenir en tout et pour tout.

JUSTE UN MOT

« *En ce temps-là, comme Jésus était entré à Capharnaüm, un centurion s'approcha de lui et le supplia : 'Seigneur, mon serviteur est couché, à la maison, paralysé, et il souffre terriblement.'*

Jésus lui dit : 'Je vais aller moi-même le guérir.'

Le centurion reprit : 'Seigneur, je ne suis pas digne que tu entres sous mon toit, mais dis seulement une parole et mon serviteur sera guéri. Moi-même qui suis soumis à une autorité, j'ai des soldats sous mes ordres ; à l'un, je dis : 'Va', et il va ; à un autre : 'Viens', et il vient, et à mon esclave : 'Fais ceci', et il le fait.'

À ces mots, Jésus fut dans l'admiration et dit à ceux qui le suivaient : 'Amen, je vous le déclare, chez personne en Israël, je n'ai trouvé une telle foi. Aussi je vous le dis : beaucoup viendront de l'orient et de l'occident et prendront place avec Abraham, Isaac et Jacob au festin du royaume des Cieux.' » Matthieu 8 : 5-11

Le centurion demande au Seigneur Jésus de dire seulement une parole et son serviteur sera guéri !

Ce centurion étranger au peuple juif connaissait la loi de la déclaration et de la confession qui est une loi d'autorité, de domination et de prépondérance.

Le Seigneur Jésus fut convaincu par cet étranger et exauça sa prière en lui disant :

« ***Va, qu'il te soit fait selon ta foi. Et à l'heure même le serviteur fut guéri.*** » Mathieu 8 :13

Le Seigneur Jésus démontra ce jour-là la puissance cachée, inconnue et ignorée des juifs qui était en lui.

Nombreux viendront de loin et expérimenteront cette puissance dissimulée et scellée dans la foi en sa propre déclaration pour posséder les extrémités de la terre et appeler de l'invisible ce qui est visible.

Si une autorité de ce monde peut commander par sa parole et son grade plusieurs personnes sous ses ordres, nous, en tant qu'enfants de Dieu, pouvons faire mieux que les enfants de ce monde.

Ainsi écartons :

- L'ignorance,
- Le doute,
- La négligence et
- L'incrédulité.

C'est alors que nous reprendrons effectivement le pouvoir et l'autorité que nous avions perdus en Adam, car Dieu nous a créés dans la loi de l'addition, la multiplication et la domination. Cela n'est plus à négocier pour quiconque croit en Jésus-Christ.

Le pouvoir perdu en Adam est dorénavant dans la foi en Jésus et quiconque croit en lui fera même des choses plus grandes que les siennes.

Juste un mot suffit pour changer toute ta vie si et seulement si tu crois en ta déclaration.

A cet effet la foi en Dieu est comme un point qui peut devenir un segment de droite et plus tard une ligne de laquelle sortiront plusieurs coniques.

CONCLUSION

Que ce soit l'aurore naturelle ou circonstancielle, sachez qu'une prière autoritaire en ce moment-là peut influencer toute la journée.

L'aurore d'une grossesse c'est la fécondation sans laquelle il n'y aura même pas de naissance.

L'aurore de la gloire de Dieu, c'est la foi en Jésus-Christ qui est notre Seigneur et Sauveur. Et le commencement d'une chose consacrée à Dieu fait naître autour d'elle une protection et un abri plus rassurante que la garde royale de David qui n'empêcha point Amnon de violer sa demi-sœur Thamar.

Où étaient les gardes du corps quand mourraient les rois ainsi que les grands administrateurs de ce monde ?

C'est en Jésus que se trouve notre refuge et notre asile qui nous conduit dans les couloirs de la vie éternelle après notre mort physique.

Et l'aurore de la vie éternelle est la foi en Jésus pendant que nous sommes encore sur cette terre des hommes.

Il y a de la place pour tous au pied de la croix du Seigneur Jésus pour obtenir la paix et vivre de victoire en victoire et de gloire en gloire.

La rencontre personnelle avec le Seigneur Jésus ouvre les portes d'une randonnée glorieuse où rien ne pourra plus nous nuire, car par la foi nous sommes cachés en son sein loin de nos ennemis tout le long de notre excursion sur cette terre, avec assurance de la vie éternelle au bout du tunnel.

Que ce que tu vois ne te ferme point la bouche car rien ne pourra résister à ta déclaration de foi !

Loin de nous toute ignorance et toute négligence sur les mystères de la prière de l'aurore pour commander les bonnes choses individuellement et collective !

Que Dieu nous y aide !

L'Auteur

L'AUTEUR

Sylvanus MULOWAYI, Auteur Aumônier basé en République a passé plus de la moitié de sa vie avec sa vieille plume en mains pour peintre le social, le divin et l'imaginaire.

Ancien acteur et dramaturge monologue des années 1983, il a poursuit le son de sa conscience malgré son diplôme supérieur en hydraulique et celui de théologie.

Co-fondateur du culte d'anglais dans la ville de Lubumbashi en 1995 et des Ministères du Réseau Global pour la Nouvelle Alliance avec le Bishop Joseph Alexander des Etats-Unis dans la ville-province de Kinshasa dans les années 2000, en République Démocratique du Congo.

Traducteur Assermenté, il reste encore attaché à sa plume qui a fait de lui aujourd'hui un auteur parmi les 250.000 reconnus par les Editions Universitaires Européennes.

Sa devise et celle de rassembler par la sagesse et la prudence la tempête dans un même lit, sous un même drap pour un monde où le riche tend la main au pauvre et le fort au faible.

L'Auteur

TABLE DES MATIERES

Printed by Books on Demand GmbH, Norderstedt / Germany